Le corps humain

Stephanie Turnbull

Maquette : Laura Parker et Michelle Lawrence

Illustrations : Adam Larkum

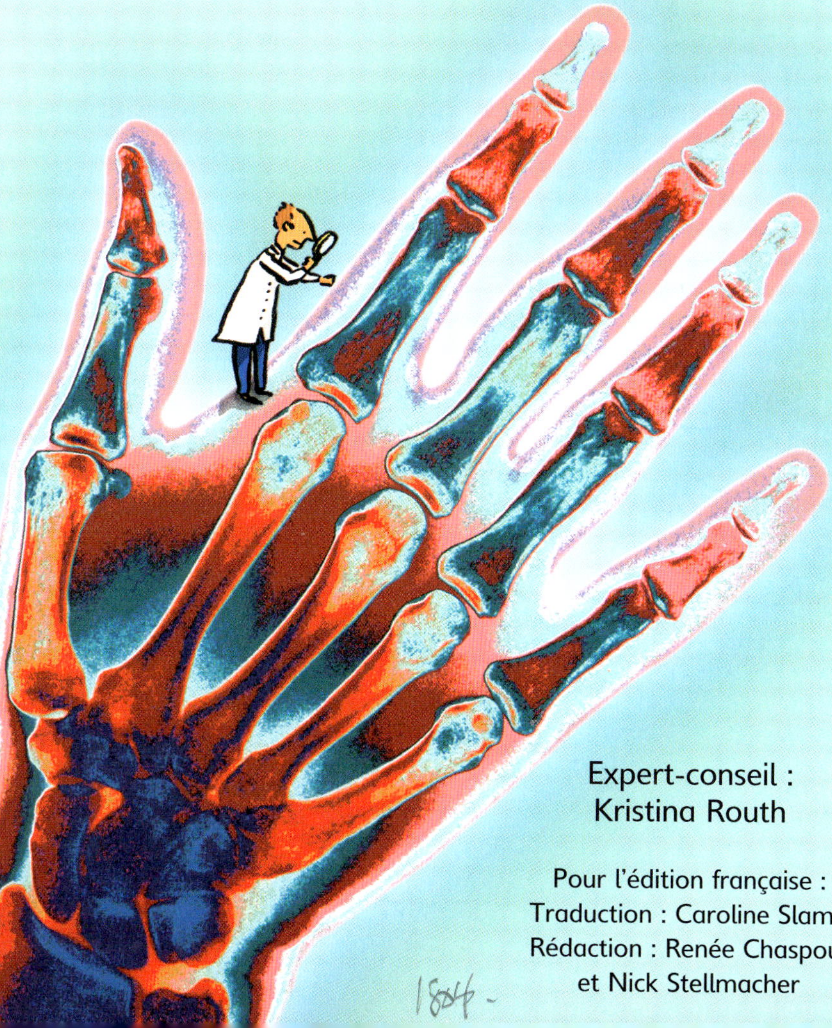

Expert-conseil :
Kristina Routh

Pour l'édition française :
Traduction : Caroline Slama
Rédaction : Renée Chaspoul
et Nick Stellmacher

Sommaire

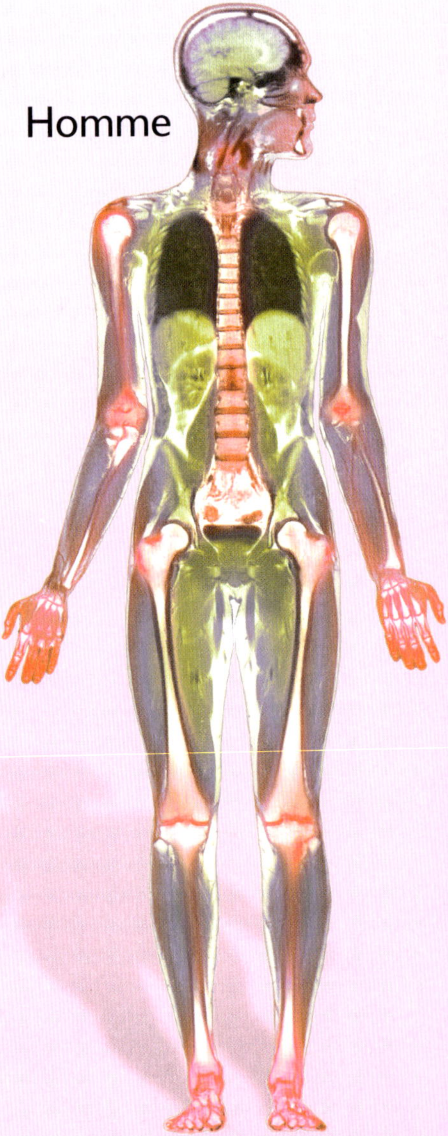

Homme

Un corps étonnant

Le corps est comme une machine complexe, toujours en action pour nous permettre de vivre.

Un scanner peut montrer les différentes parties du corps humain.

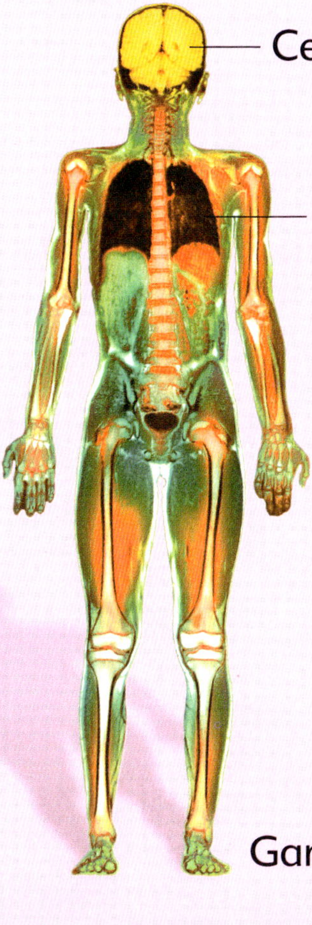

Garçon de 9 ans

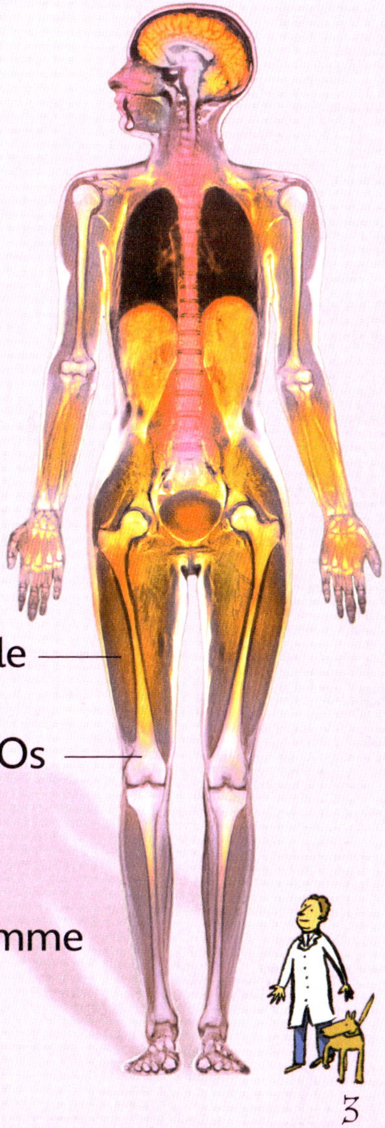

Femme

Le squelette

Le squelette est une structure osseuse qui donne sa forme au corps et protège ses parties plus fragiles.

On naît avec environ 300 os. La plupart d'entre eux se soudent à mesure que l'on grandit.

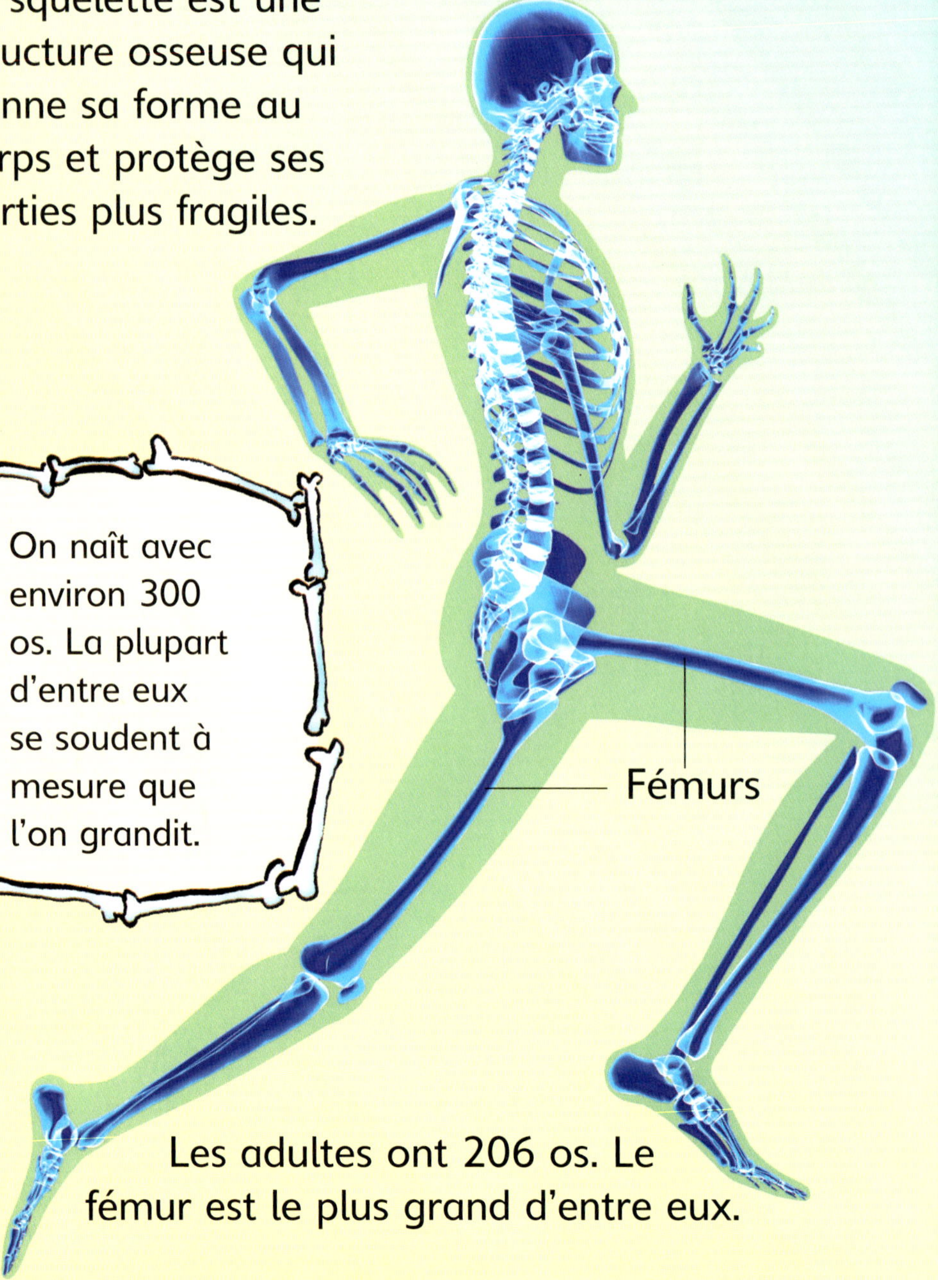

Les adultes ont 206 os. Le fémur est le plus grand d'entre eux.

Les articulations sont les endroits où les os se rejoignent.

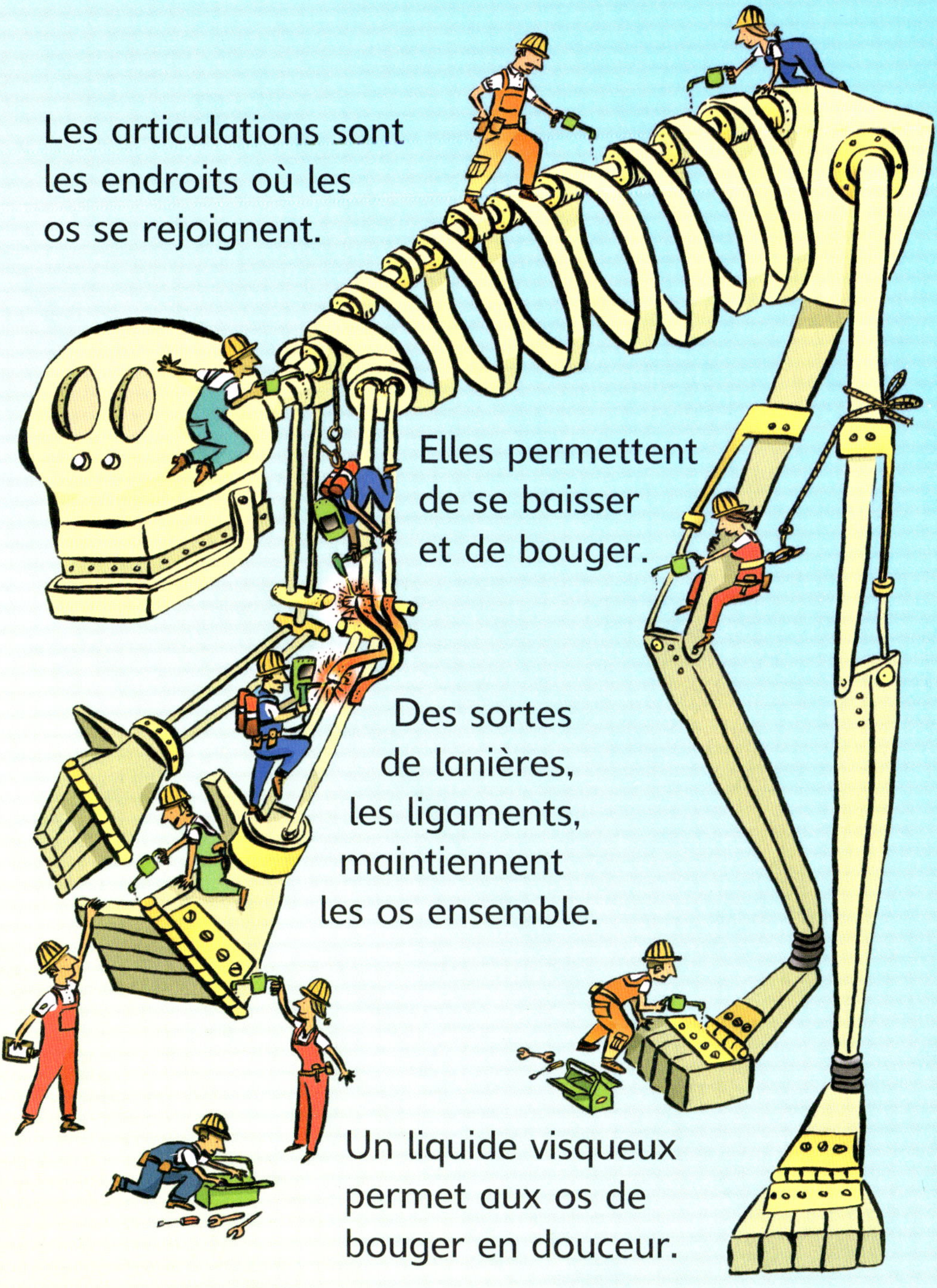

Elles permettent de se baisser et de bouger.

Des sortes de lanières, les ligaments, maintiennent les os ensemble.

Un liquide visqueux permet aux os de bouger en douceur.

La force des muscles

Les muscles sont caoutchouteux et flexibles. Ils se rejoignent en général sur deux os et aident ces derniers à bouger.

Lorsqu'un muscle se tend, il fait bouger l'os.

Puis un autre muscle se tend pour ramener l'os à sa position.

Ce dessin
montre
les muscles
du bras et
de la main.

Ils tirent sur les os pour qu'on puisse bouger l'épaule, le poignet et les doigts.

Le visage est composé d'environ 60 muscles, qui lui permettent de prendre de nombreuses expressions.

La respiration

Le corps a besoin d'oxygène, un gaz qu'on trouve dans l'air. On récupère ce gaz en inspirant de l'air par le nez et la bouche.

L'air descend dans un tube appelé trachée.

Il gonfle deux grosses poches spongieuses appelées poumons.

Puis un muscle bouge vers le haut et l'air est poussé vers l'extérieur.

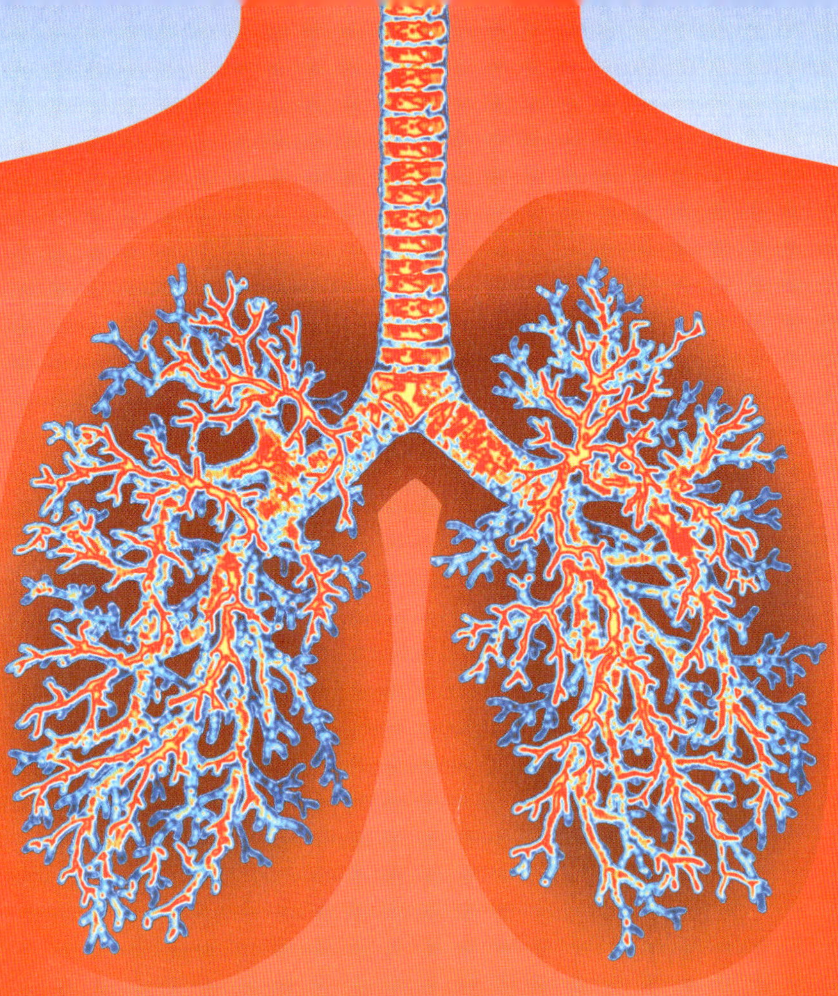

À l'intérieur des poumons, on trouve de fins tubes remplis d'air. Quand l'air arrive au bout de ces tubes et remplit les poumons, l'oxygène passe dans le sang.

Quand on fait de l'exercice, le corps a besoin de plus d'oxygène : on respire donc plus vite.

Le cœur en action

Le cœur est un gros muscle solide qui pompe le sang dans tout le corps.

Le sang entre et sort du cœur par des tubes.

Ces tubes sont répartis partout dans le corps.

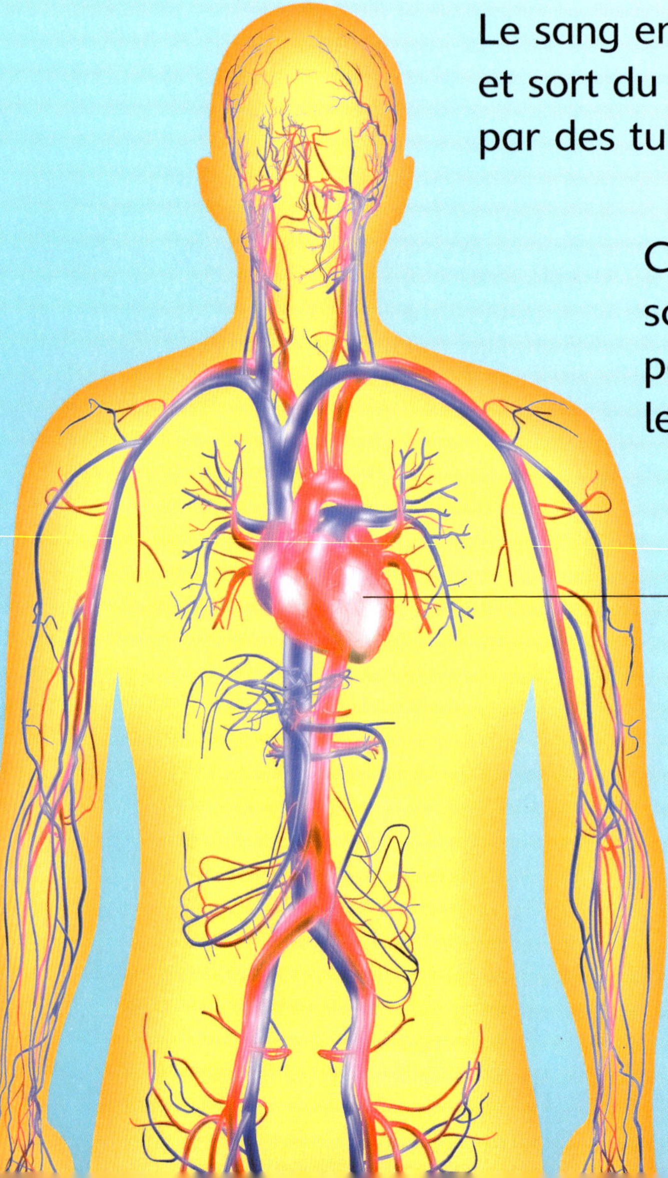

Le sang pénètre dans le cœur. Il transporte l'oxygène récupéré dans les poumons.

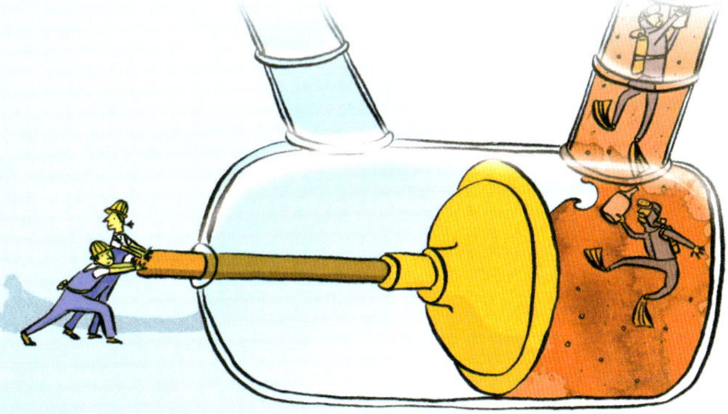

Le cœur pompe ensuite le sang et l'expulse pour l'envoyer dans tout le corps.

Le sang véhicule l'oxygène dans chaque partie du corps, puis revient vers le cœur.

Une tête bien pleine

Le cerveau occupe la plupart de l'espace de la tête. Il contrôle tout dans le corps, et permet de penser et d'apprendre.

La zone orangée et sinueuse sur cette photo est le cerveau d'une personne.

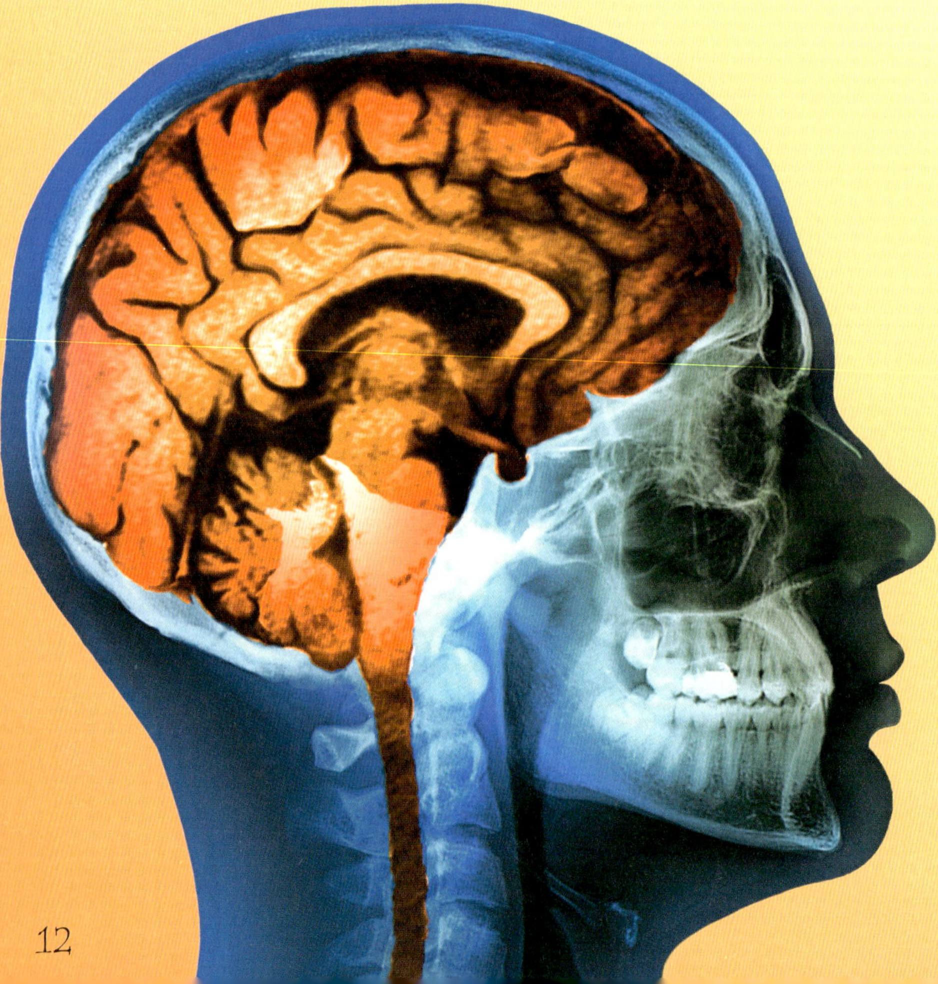

Voici quelques exemples de ce que le cerveau contrôle.

L'odorat

L'appétit

Les mouvements

L'ouïe

L'apprentissage et la mémoire

La vue

Les rêves peuvent être dus au cerveau qui trie les pensées pendant qu'on dort.

Nerfs et messages

Le cerveau est connecté à chaque partie du corps à l'aide de minuscules fils appelés nerfs.

Les nerfs transmettent les messages en direction et en provenance du cerveau.

Voici à quoi ressemble un nerf.

Il a des tentacules duveteux qui touchent les autres nerfs pour transmettre les messages.

Le corps transmet ce qu'il ressent au cerveau.

Le cerveau renvoie d'autres messages disant au corps ce qu'il doit faire.

Les messages nerveux se déplacent à la vitesse de l'éclair, ce qui permet de réagir vite.

Les yeux et la vue

Les yeux recueillent des images de tout ce qui nous entoure, et les nerfs envoient ces images au cerveau.

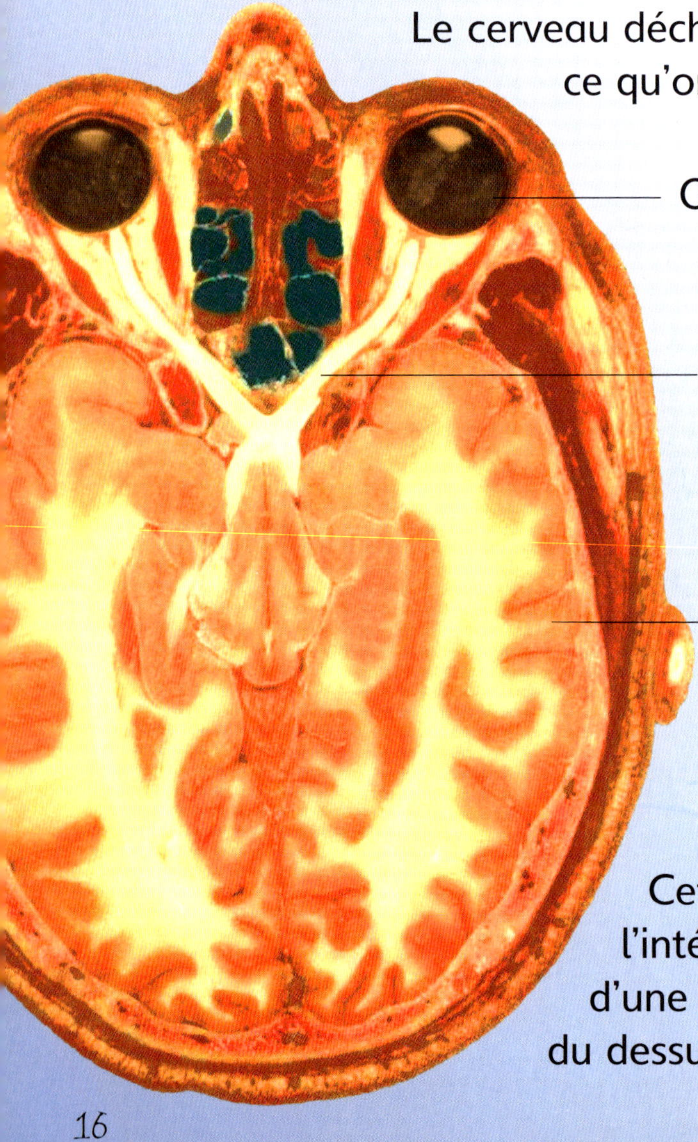

Cette photo montre l'intérieur de la tête d'une personne, vue du dessus.

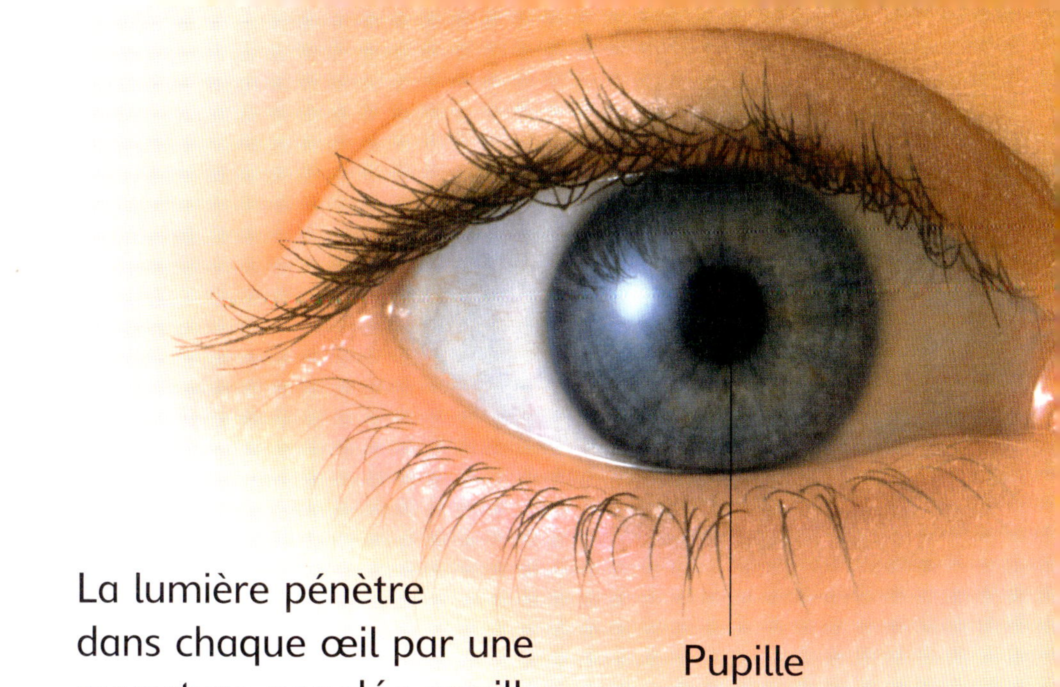

La lumière pénètre dans chaque œil par une ouverture appelée pupille.

Une fine couche d'eau permet aux yeux de rester propres pour qu'on puisse bien voir.

Lorsqu'on cligne des paupières, celles-ci balaient les yeux.

La poussière est alors nettoyée.

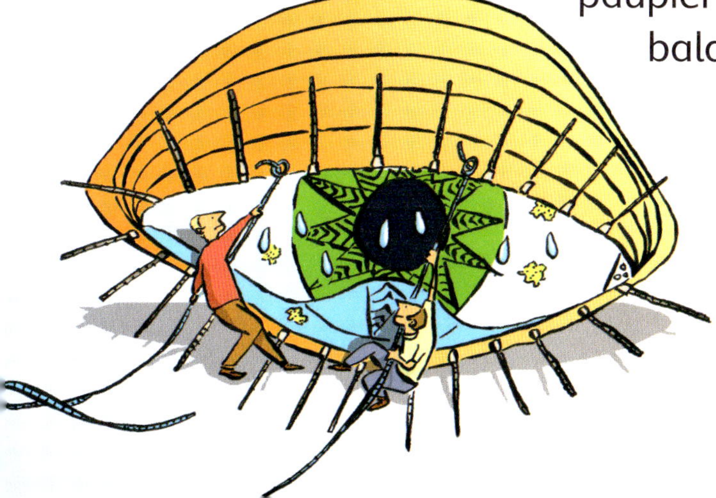

Les oreilles et l'ouïe

Le conduit de l'oreille s'enfonce loin dans la tête. La partie visible de l'oreille est une sorte de trappe par laquelle les sons passent.

L'oreille recueille les sons dans l'air.

1. Les sons entrent dans l'oreille et atteignent une mince couche de peau, le tympan.

2. Le tympan se met alors à vibrer, ce qui fait bouger trois petits os dans l'oreille.

Le son se mesure en décibels. Le son d'un murmure est de 30 décibels. Celui d'un avion qui décolle est de 140 décibels.

3. La vibration fait se déplacer un liquide loin dans l'oreille. Les poils dans ce liquide oscillent.

4. Les nerfs de ces poils envoient des messages relatifs à sons au cerveau.

La mastication

Lorsqu'on mange, les lèvres, les dents et la langue travaillent pour broyer la nourriture.

Les dents sont recouvertes d'une matière dure, l'émail.

Elles ont des racines qui s'enfoncent dans les mâchoires.

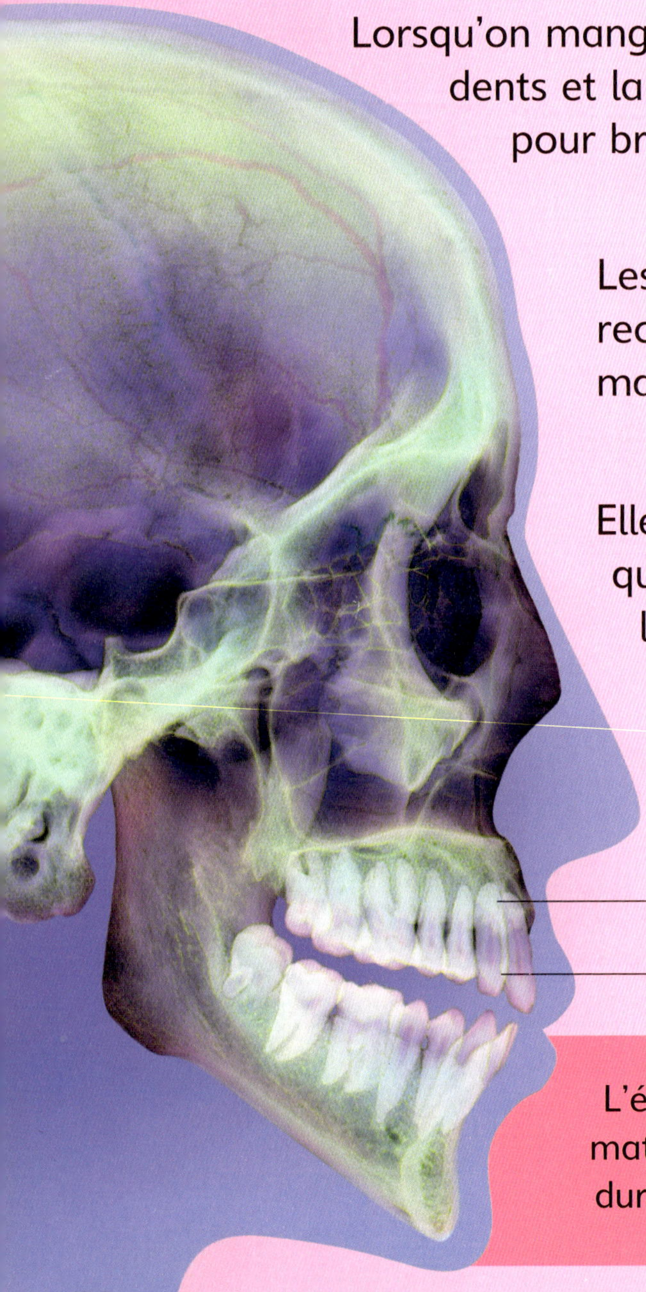

L'émail est la matière la plus dure du corps.

Les dents de devant coupent les aliments en petits morceaux.

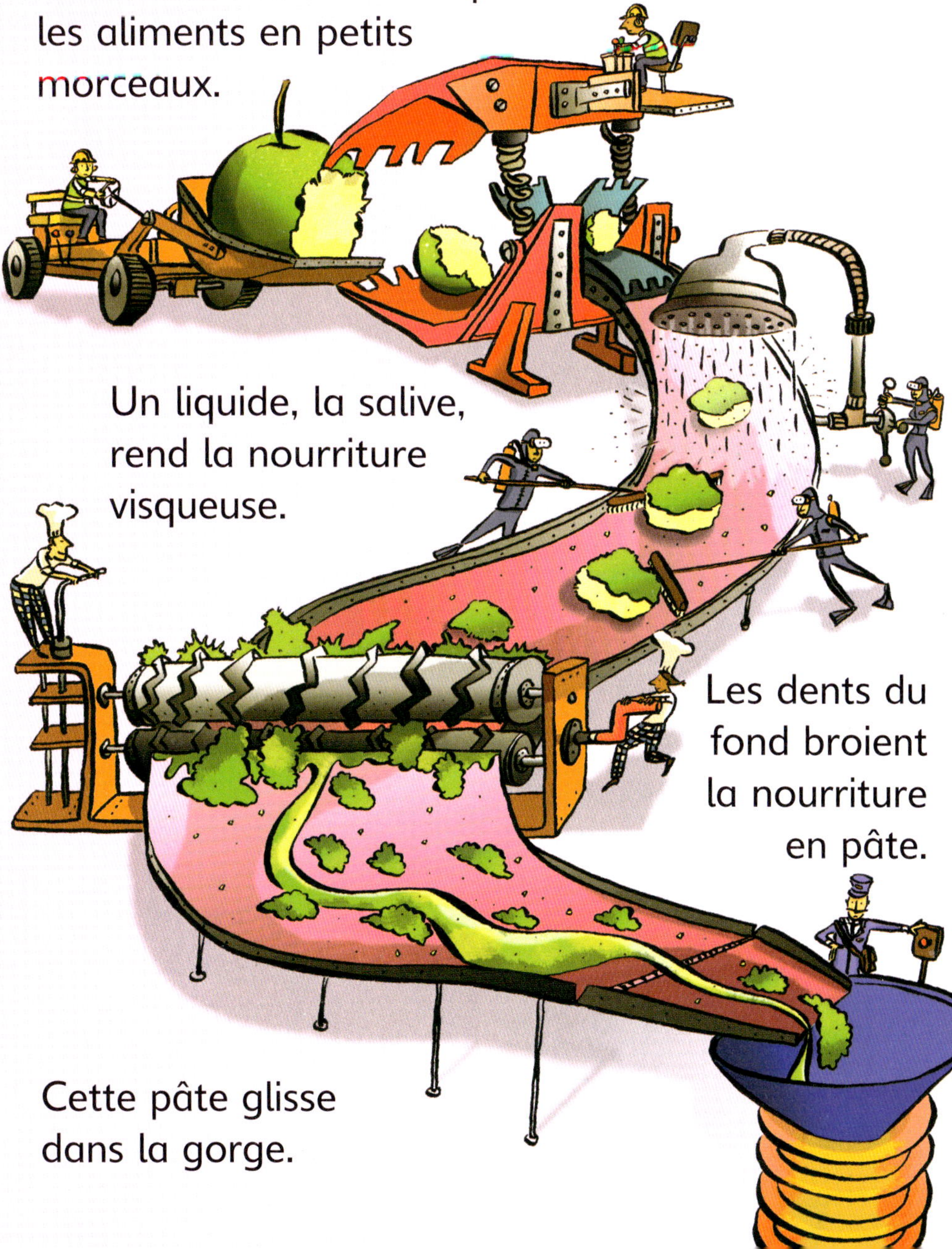

Un liquide, la salive, rend la nourriture visqueuse.

Les dents du fond broient la nourriture en pâte.

Cette pâte glisse dans la gorge.

Le trajet de la nourriture

La nourriture avalée descend jusqu'à l'estomac, où elle est transformée en bouillie épaisse.

Cette bouillie passe ensuite par un tube, l'intestin grêle.

Des sucs spéciaux s'ajoutent pour réduire encore la nourriture.

Les substances chimiques utiles sont absorbées par le corps pour lui donner de l'énergie.

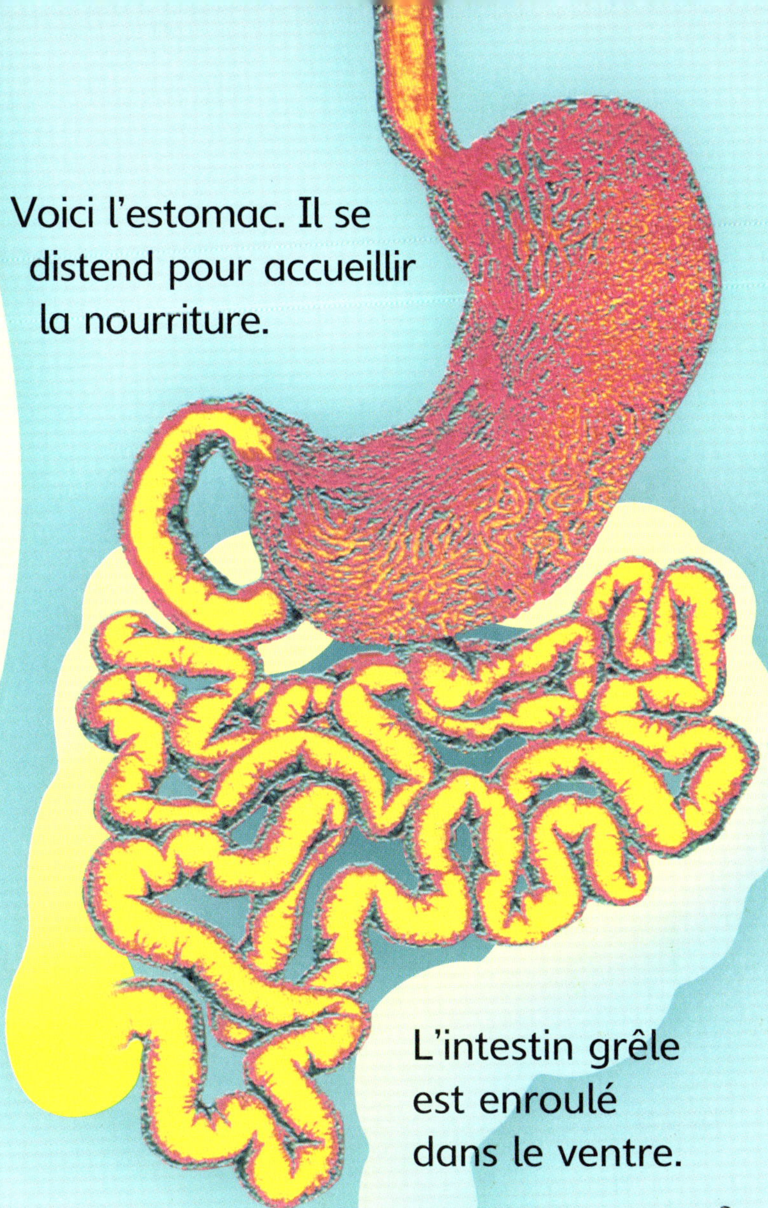

Voici l'estomac. Il se distend pour accueillir la nourriture.

L'intestin grêle est enroulé dans le ventre.

Les déchets (parties non digestibles) sont évacués quand on va aux toilettes.

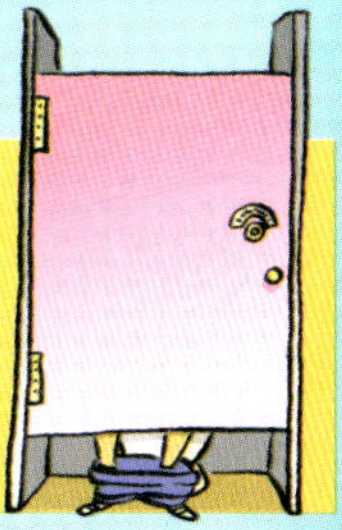

Le circuit de l'eau

Le corps doit se débarrasser de l'eau en surplus qui s'accumule dans le sang. C'est le rôle des deux reins.

1. Le sang circule dans les reins.

2. Chaque rein filtre l'eau et les mauvaises substances chimiques.

3. Le sang propre poursuit sa route dans tout le corps.

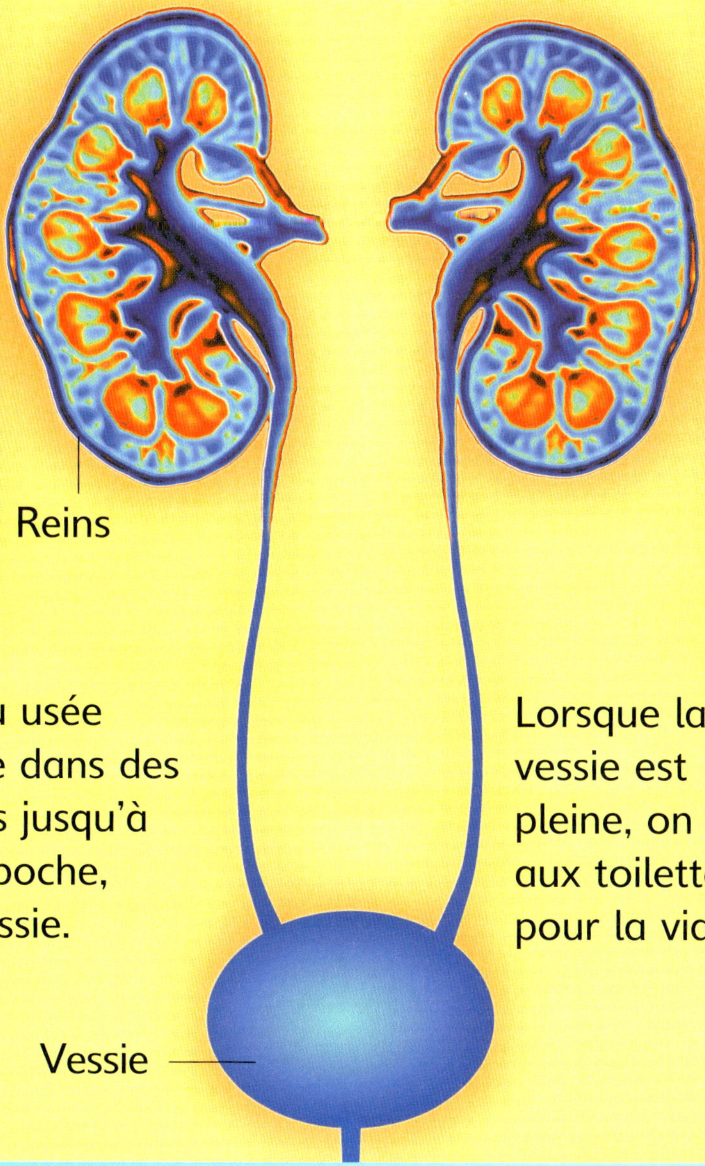

L'eau usée coule dans des tubes jusqu'à une poche, la vessie.

Lorsque la vessie est pleine, on va aux toilettes pour la vider.

En 4 minutes seulement, le sang du corps entier passe dans les reins pour être nettoyé.

L'enveloppe du corps

La peau est l'enveloppe du corps et lui sert de protection. Elle est constituée de deux couches.

La couche supérieure de la peau s'use. Une nouvelle pousse en dessous.

Les poils poussent à partir de racines enfoncées dans la couche inférieure.

La couche inférieure est grasse et molle.

Chaque minute, environ 50 000 minuscules morceaux de peau tombent du corps.

Chaque poil est couvert d'une couche de graisse qui le rend doux et brillant.

De l'eau salée, la sueur, est expulsée quand on a chaud.

En séchant, la sueur rafraîchit la peau.

Gare aux attaques

De minuscules organismes, appelés microbes, essaient sans cesse d'envahir le corps.

Les microbes entrent souvent dans le corps par les coupures et les égratignures.

Les globules blancs du sang cherchent les microbes et les détruisent avec des substances chimiques.

Le médecin prescrit des médicaments contenant d'autres substances pour combattre les microbes.

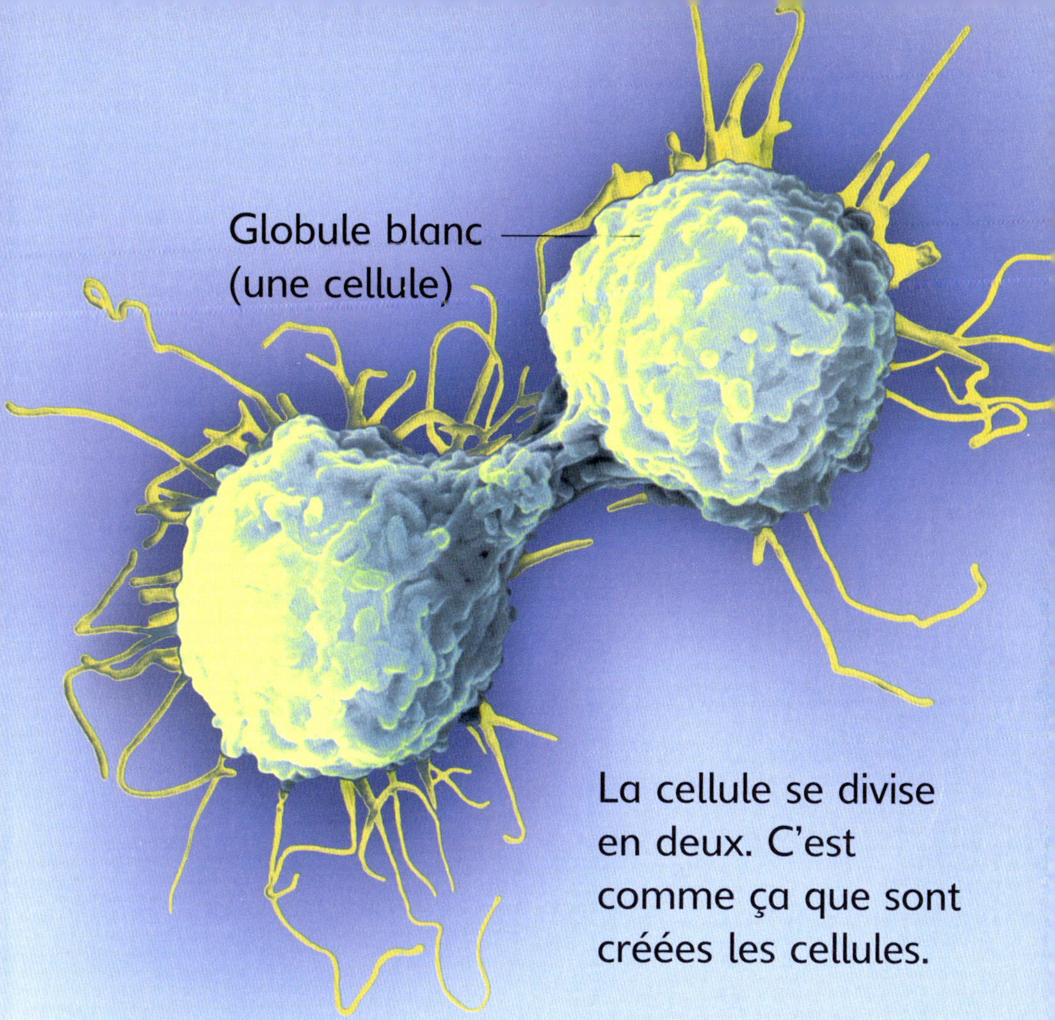

La cellule se divise en deux. C'est comme ça que sont créées les cellules.

Ce dessin montre à quoi ressemblent les globules blancs sous un puissant microscope. Ils s'accrochent grâce à leurs longues fibres.

Si les microbes du corps sont trop difficiles à éliminer, on peut tomber malade.

Vocabulaire du corps

Voici quelques-uns des mots utilisés dans ce livre, avec leur définition. Peut-être ne les connaissais-tu pas.

ligament : bande flexible et solide qui maintient deux os ensemble.

oxygène : gaz invisible contenu dans l'air. Le corps en a besoin pour fonctionner.

salive : liquide de la bouche qui ramollit la nourriture et la rend facile à avaler.

estomac : poche solide et élastique, où la nourriture est transformée en bouillie.

nerf : fin filament qui transmet les messages en direction et en provenance du cerveau.

microbe : minuscule être vivant qui peut entrer dans le corps et nous rendre malade.

globule blanc : cellule (unité vivante microscopique) du sang qui combat les microbes.

Sites Web

Si tu as un ordinateur, tu peux chercher sur Internet d'autres informations concernant le corps humain. Sur le site Quicklinks d'Usborne, tu peux déjà te connecter aux quatre sites suivants :

Site 1 : Colorie différents organes du corps.

Site 2 : Découpe et fabrique ton propre squelette.

Site 3 : Remplis une grille de mots croisés sur les parties du corps.

Site 4 : Pour en savoir plus sur trois systèmes du corps humain, avec des quiz.

Pour accéder à ces sites, connecte-toi au site Web Quicklinks d'Usborne sur **www.usborne-quicklinks.com/fr**. Lis les conseils de sécurité et tape le titre du livre.

Les sites Web sont examinés régulièrement et les liens donnés sur le site Quicklinks d'Usborne sont mis à jour. Les éditions Usborne déclinent toute responsabilité concernant la disponibilité ou le contenu de tout site autre que le leur. Nous recommandons d'encadrer les enfants lorsqu'ils utilisent Internet.

Voici à quoi ressemble un groupe de microbes sous un microscope.

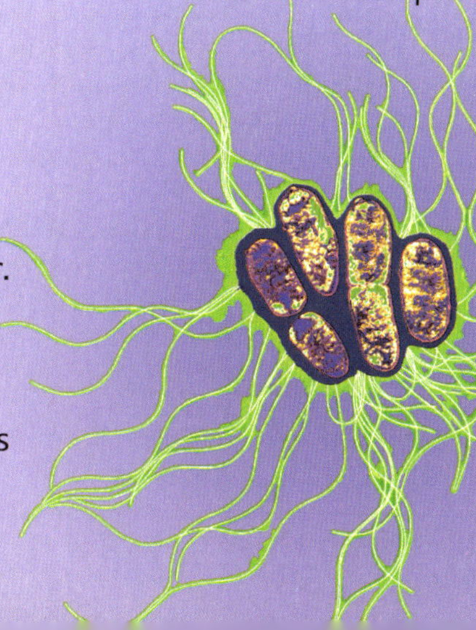

Index

Remerciements

Manipulation photo : John Russell

Crédits photographiques

Les éditeurs remercient les personnes et organismes suivants pour l'autorisation de reproduire leurs documents : © **Alamy** 7 (ImageDJ) ; © **Corbis** 1 (Firefly Productions) ; © **Getty Images** 17 (Bob Elsdale) ; © **Science Photo Library** 2-3 (Simon Fraser), 4, 9, 10, 23, 25, (Alfred Pasieka), 12 (Sovereign, ISM), 14 (Dr. Torsten Wittmann), 16 (Mehau Kulyk), 20 (D. Roberts), 29 (Stem Jems), 31 (Dr. Linda Stannard, UCT).

Tous les efforts ont été faits pour retrouver et remercier les propriétaires de copyright. L'éditeur s'engage à rectifier toute omission éventuelle, s'il en est informé, dans toutes rééditions à venir.